NÉCESSITÉ

DE

LA PEINE CAPITALE.

A. PIHAN DELAFOREST,

Imprimeur de Monsieur le Dauphin, de la Cour de Cassation, et de
l'Association paternelle des Chevaliers de Saint-Louis,
rue des Noyers, n° 37.

NÉCESSITÉ

DE LA

PEINE CAPITALE

DANS

L'INTÉRÊT DE L'ORDRE SOCIAL,

EN RÉPONSE AU DISCOURS
DE M. D'ULIN DE LA PONNERAYE, SUR L'ABOLITION
DE LA PEINE DE MORT.

PAR M. Emm.ᵉ L.ʳ DE M.ʸ,

AVOCAT A LA COUR ROYALE DE PARIS.

Bene præcipiunt qui vetant quidquam agere
quod dubites æquum sit an iniquum.
CICER., *de Off. liv. I.*

Paris,

A. PIHAN DELAFOREST, imprimeur, rue des Noyers, no 37;
DELAFOREST, libraire, rue des Filles-Saint-Thomas, n° 7;
DELAUNAY, au Palais-Royal.

1828.

(4)

M. d'Ulin de la Ponneraye a fait paraître, et dédié au Roi, un discours dans lequel il exprime le vœu de voir bannir la peine capitale de notre législation criminelle. La religion est la source où il s'est borné à puiser ses arguments contre la peine de mort; la parole de Dieu et l'Ecriture sainte, voilà toute la base de son système.

Cette idée, sans doute, fait honneur à celui qui l'a conçue; elle révèle une ame élevée; c'est l'élan d'un cœur généreux : toutefois je vais entreprendre de répondre à M. de la Ponneraye, de repousser sa doctrine; et, puisqu'il a tiré *des Écritures* le texte avec lequel il prétend ébranler l'institution de la peine capitale, que la *volonté divine* est comme l'argument *unique* sur lequel il se repose, on ne s'étonnera pas de me voir me transporter sur le même terrain, invoquer à mon tour la *parole de Dieu*, et puiser à cette seule source, les motifs qui s'opposent au renversement de la loi de mort.

On peut citer quelques raisons autres que celles invoquées par M. de la Ponneraye contre la peine capitale, on n'en trouvera pas la réfutation directe dans mon ouvrage, non que ces raisons soient inattaquables, non qu'elles ne puissent être combattues d'une manière victorieuse : mais puisque c'est à M. de la Ponneraye seul que je veux, en ce moment, répondre, je ne dois point essayer de réfuter des arguments étrangers à ceux qu'il a produits.

Toutefois, la tâche n'est pas sans quelque difficulté : attaquer un système, auquel on a donné pour base la religion et l'humanité, et que l'on a développé avec tout le

talent et la chaleur d'une plume exercée ;
combattre une cause qui se montre environnée de tout le prestige des sentiments
généreux, est une entreprise qui ne re-
commande pas d'abord son auteur ; et,
pour y persister, il faut être bien pénétré
de la pensée que ce système est une erreur,
et que la religion étant le principe des sociétés, il est bien impo tant de ne pas laisser accréditer une erreur qui aurait la religion pour point de départ.

Je n'ai pas la présomption de croire que
ces premiers efforts que je fais dans l'intérêt de l'ordre social, seront couronnés du
succès que mérite la cause ; non : la seule
pensée qui m'engage et me guide dans cette
lutte, c'est qu'elle pourra fixer les regards
de quelques-uns de ces hommes supérieurs,
de quelques hommes d'État, les seuls aux-
quels il convienne vraiment de traiter ces
hautes matières du droit public, qu'ils son-

geront à la gravité du débat qui s'ouvre, viendront remplir le vide que mon inexpérience va laisser dans cette discussion, et qu'ils rendront ainsi à la société les services que je ne puis encore lui rendre que de mes vœux : alors j'aurai obtenu ma plus belle récompense, la seule que j'ambitionne.

NÉCESSITÉ

DE

LA PEINE CAPITALE.

UNE grande question s'élève, et à cette question se rattachent tous les intérêts de la société, tous les besoins de l'humanité, tous les droits de la religion.

Faut-il désarmer la justice de son glaive? Faut-il briser la hache des bourreaux? Le peut-on sans témérité? le ferait-on sans danger?

La philantropie n'hésite pas; elle décrète l'abolition de la peine de mort, et elle proclame ce décret comme une idée inspirée par la religion, comme un principe en harmonie avec l'ordre public, comme la dernière amélioration sociale réclamée par la civilisation.

Voilà ce qu'annonce aujourd'hui le philantrope, voilà l'ordre qu'il semble venir transmettre aux législateurs de la terre, de la part du Dieu qui gouverne le monde.

I

Mais avant de reconnaître cette mission sublime, avant d'admettre cette doctrine nouvelle si grande, si généreuse et si divine en apparence, la raison toujours froide et libre d'enthousiasme, exempte par sa nature de ces séductions de systèmes qui parlent si bien à l'imagination ; la raison que le Créateur semble avoir placée en l'homme comme pour balancer, par son indépendance et par sa force d'immobilité, le mouvement continuel dans lequel les émotions du cœur tendent toujours à l'entraîner ; la raison à son tour élève la voix, et demande à examiner l'autorité de ce système que l'on vient révéler au monde ; la raison veut qu'on lui rende compte du nombre, de la nature et de la force des éléments dont il se compose.

Ainsi évoquée au tribunal de la raison, cette discussion devra désormais renoncer à ces ornements séduisants, mais trompeurs de l'art oratoire qui avaient peut-être servi à faire triompher, au tribunal de l'imagination et du cœur, le système que nous allons combattre ; amenée devant son juge naturel, elle devra paraître simple, grave, environnée du seul éclat de la vérité.

Déja cette vérité fait briller, pour nous, son flambeau; elle nous montre où nous devons chercher nos armes, et nous apprend que c'est dans les mêmes éléments, dans les mêmes moyens qui ont servi à élever le nouveau système, que nous trouverons les motifs qui doivent le renverser.

Lors donc qu'on viendra nous dire, qu'il est contraire à la loi divine que l'homme soit investi du pouvoir légal d'ôter la vie à l'homme; que la justice qui frappe de mort est une justice criminelle, en ce qu'elle punit un meurtre par un autre meurtre; une justice sacrilège, en ce qu'elle usurpe les droits du Créateur sur la créature; ne cherchons pas ailleurs que dans cette même loi divine qu'on invoque, la justification de la loi humaine que l'on attaque; démontrons la volonté de Dieu dans la justice de l'homme telle qu'elle se rend, cette justice que l'on traite d'impie et de criminelle; que ce soit enfin la même route qui a été suivie par nos adversaires, qui nous conduise à démontrer que, loin de réprouver la peine de mort, Dieu la prescrit aux législateurs, et tacitement et expressément, comme une sanction nécessaire aux préceptes et aux lois qu'il a données à la terre:

car, tel est l'ordre que nous nous proposons de suivre dans l'exposé de nos raisonnements : la peine capitale est prescrite *tacitement* dans certaines lois divines; elle est prescrite *expressément* dans les propres paroles de Dieu.

Pour suivre l'ordre que nous nous sommes tracé, nous devrons nous attacher d'abord à démontrer, comment la peine capitale se trouve tacitement prescrite dans certaines lois divines, comment elle en est la conséquence. Et puisque cette conséquence doit résulter de ces lois divines, nous examinerons, avant tout, en quoi consistent ces lois, ce qu'elles exigent, ce qu'elles enseignent.

Ce qu'elles exigent? C'est l'ordre dans les sociétés, annoncé aux législateurs comme le but constant auquel doivent tendre tous leurs efforts : ce qu'elles exigent? C'est l'utilité commune ordonnée à tous les hommes, comme le principe qui doit être le moteur et la règle de toutes leurs actions, comme l'idée qui doit servir de base et de raison à toutes leurs lois, de fondement à toutes leurs institutions. Ce qu'elles enseignent? C'est l'ordre dans le monde moral révélé par l'ordre dans le monde physique.

Et qui oserait contester ici ce vœu de la Providence écrit dans toutes les œuvres de la création ?

Cette grandeur de l'intelligence humaine; cette disposition naturelle de l'homme, qui le porte sans cesse à l'organisation sociale, comme pour répondre, par cet état, à la dignité de sa destination, cette prévoyance merveilleuse qui lui fait rechercher et découvrir tout ce qui peut lui procurer l'ordre; cet état de souffrance qu'il éprouve dès qu'il en abandonne les voies; enfin, cet ordre admirable et cette harmonie qui règnent constamment autour de l'homme dans la nature, et qui semblent l'inviter à s'en appliquer les douceurs, tout annonce que le besoin d'ordre, dans le monde, émane de la volonté d'un Dieu.

Or, s'il est reconnu que Dieu a gravé si profondément, dans le cœur de l'homme, le sentiment de l'ordre, il doit être aussi reconnu, comme une conséquence nécessaire, qu'il a imprimé dans son esprit, les routes qui peuvent le mener sûrement à le découvrir; il doit être reconnu qu'il a doué l'homme d'une certaine force de capacité intellectuelle, qui, sans lui ôter le libre arbitre, le conduise cependant nécessairement à cet ordre, objet de ses décrets éternels. A côté de la fin, Dieu place toujours les moyens. C'est une vérité, c'est un principe dont la sagesse divine nous répond. Soutenir le contraire, serait une hérésie en matière de raisonnement, comme en matière de religion.

Armés de ce principe, nous sommes dès-lors autorisés à proclamer avec confiance, qu'une loi humaine, quelle qu'elle soit, pourvu qu'elle ait pour *but* et pour *résultat* l'ordre public, n'est plus le fruit des erreurs, des caprices ou des passions des hommes, mais le fruit d'une inspiration toute divine, objet de nos respects.

Il ne reste donc plus, dès-lors, qu'à examiner si cette puissance que la loi donne au magistrat sur la vie des criminels, si la peine de mort enfin est un moyen d'ordre et d'utilité pour les autres hommes, pour en tirer la conséquence que cette institution vient de Dieu et qu'elle répond à ses adorables vouloirs.

Réduite à ce point, la question prend un caractère de précision et de clarté qui doit contribuer singulièrement à sa solution.

La peine de mort est-elle un moyen d'ordre et d'utilité commune ?

La réponse est dans le raisonnement aussi bien que dans l'expérience des faits.

Si de la réunion des hommes en corps de société il résulte de grands avantages, parce que les hommes apportent à l'association leurs vertus et leurs qualités, il résulte aussi de grands maux, parce qu'ils y apportent nécessairement leurs vices et leurs imperfections. Ces vices et ces imperfections tendent à troubler l'ordre et l'harmonie produits par leurs qualités; il faut dès-lors leur opposer des peines qui les contiennent et les répriment ; et lorsque ces vices ont pris un tel degré de croissance, lorsque la violence des passions a tellement dépassé la gravité des peines infligées, que l'ordre public en soit menacé et la sûreté des particuliers compromise, le législateur est non-seulement en droit, mais il est encore obligé de s'armer contre le perturbateur, du châtiment le plus terrible, c'est-à-dire de la peine de mort, pour comprimer avec efficacité l'audace la plus déterminée, et balancer ainsi les différents degrés de la malice humaine par un contre-poids assez puissant.

Mais voici que nous soulevons une première objection.

« Pourquoi, nous dira-t-on, le législateur au-
« ra-t-il recours à cette peine plutôt qu'à toute
« autre? Qui lui a dit que la peine de mort fût la
« plus redoutée du coupable, la plus efficace et la
« plus utile au bien public? Une prison perpé-
« tuelle où s'achèvent péniblement et dans une
« humide obscurité les restes d'une triste existence
« n'est-elle pas un châtiment mille fois plus ri-
« goureux pour l'homicide qu'une mort prompte
« qui finit par un instant de souffrances tous les
« maux de la vie? »

Ce système admissible tout au plus à l'égard de
quelques-uns de ces grands et rares esprits qui,
animés d'un sublime enthousiasme, méprisent la
mort, bravent toutes ses terreurs, et n'imaginent
pas de plus grands maux que la privation de la liberté, ce système n'est plus qu'une brillante théorie de l'imagination, dépourvue de solidité, quand
il s'agit du commun des hommes, de cette classe
bien plus nombreuse où il n'y a ni exaltation, ni
héroïsme, ni enthousiasme. Non, la prison avec
toutes ses horreurs et toute sa durée n'est point
encore aussi terrible que la mort, pour l'homme
qui l'envisage de sang-froid; et le législateur l'a

établie sur la connaissance qu'il avait de la nature de l'homme, il l'a établie parce qu'il savait, par une expérience de tous les jours, que la mort est ce qu'il redoute par dessus toutes choses; que c'est le sentiment qui lui inspire le plus de terreur; que c'est la crainte la plus forte pour arrêter ses desseins les plus déterminés; que c'est le moment qu'il fuit, qu'il évite et qu'il retarde avec le plus de soin. C'est une des volontés de Dieu que la vie ait horreur de la mort.

Oui, quoi qu'en puisse dire l'esprit fort, cette volonté de Dieu s'accomplit bien !.... La mort, ce tombeau et l'anéantissement du monde, qui ferme irrévocablement toutes les espérances de la vie; semblable à la tête de *Méduse* qui glace tout de son approche, ceux qui la regardent sont pétrifiés, et les êtres les plus animés, devenus froids comme des statues, s'arrêtent immobiles devant elle et ne respirent plus. La mort, dernier moment de l'homme !.... c'est là ce qui la rend pour lui si affreuse, c'est ce qui la rend plus affreuse mille fois que la prison, parce que la vie est encore au fond de la prison et que les hommes n'ont point jusqu'ici trouvé le moyen de creuser ce cachot profond dont parle le *Dante*, où *l'espérance ne descend pas en même temps que l'être vivant qui y entre.*

Voilà pourquoi, nous le répétons, le législateur a pu faire de la mort le plus épouvantable châtiment réservé à l'homme : c'est aussi à côté de la mort que la prison montre mieux son insuffisance et sa nullité.

Toutefois, qu'on ne croie pas que nous comptions sur l'insuffisance de la prison pour établir sur cette base, la nécessité et la raison unique de la peine de mort. Non : nous ne supposerons donc même pas cette vaste prison où seraient entassés ainsi vivants avec leur esprit de vengeance, leurs passions, leurs haines, leur scélératesse et leurs coupables ambitions, tous les assassins, tous les parricides, tous les sacrilèges, tous les régicides et tous les factieux, toute cette noire écume de la dépravation humaine, et nous ne chercherons pas quelles chaînes seraient assez lourdes, quelles barrières d'airain seraient assez fortes pour contenir ce sinistre et redoutable rassemblement. Quels gardiens seraient assez courageux pour ne pas le redouter, assez fidèles pour ne pas se laisser corrompre?

Nous ne dirons pas que tous les brigands d'un bout
de la terre à l'autre sont liés entre eux par un intérêt commun ; que l'on doit appréhender les corres-
pondances, les secrètes intelligences, les trahisons;
qu'on ne peut être assuré qu'un jour, les portes de
fer de ce nouveau Tartare ne s'ouvriront point pour
lancer sur les peuples ses criminels prisonniers;
nous ne demanderons pas ce que deviendraient
alors les citoyens ; ce que deviendraient les familles;
ce que deviendraient même les dépositaires d'une
autorité exposée de nouveau aux attaques de l'am-
bition ou aux coups de la vengeance; ce que de-
viendrait le corps social tout entier, en présence
de tous ses ennemis déchaînés contre lui. Et si
nous entrevoyons un danger manifeste à conserver
ainsi au milieu de la société un entrepôt vivant de
la corruption des hommes, nous ne voudrons cependant pas en tirer la conséquence qu'il faut les
exterminer par la crainte qu'inspire leur existence
même sous les fers : non, nous ne pensons pas que
la société ait le droit de tuer des hommes même
criminels, même dangereux, uniquement pour se
débarrasser du soin de les garder.

Ce ne sera donc point seulement à cause de l'insuffisance ou du danger même de la prison par rapport aux criminels, que l'on devra se garder d'avoir recours à ces prisons pour les punir : non, c'est par une nécessité indépendante de la difficulté de les garder, qu'on devra les envoyer à la mort; c'est parce qu'il y a nécessité incontestable d'appliquer au criminel le châtiment le plus épouvantable, nécessité que reconnaissent même nos adversaires, et que le châtiment le plus épouvantable est incontestablement la mort.

Donnons quelque développement à notre pensée.

Pourquoi soutenons-nous que la mort doit être le dernier châtiment du crime sur la terre? C'est parce que Dieu a permis que la crainte de la mort soit la crainte la plus violente que l'homme puisse éprouver.

Or, c'est un principe que nous révèle la sagesse divine, que Dieu n'a mis dans le cœur de l'homme aucun sentiment inutile, qu'il n'en est pas un qui n'ait sa cause et sa raison, et que tous doivent tendre à l'amélioration et au bien de la société : et puisqu'il est reconnu que la crainte de la mort est un sentiment qui agit puissamment sur l'esprit humain, il doit être reconnu que ce sentiment, a, dans le vœu de la Providence, une destination secrète et un but d'utilité pour l'homme, et que le législateur qui fait tourner ce sentiment, cette crainte au profit de l'ordre et de la tranquillité publique, agit en vertu d'une tacite autorisation émanée de l'Être Suprême.

Ce raisonnement nous offre une preuve nouvelle que la prison ne peut être appelée à remplacer la peine de mort dans le cas où celle-ci est applicable, ou tout au moins nous fournit une présomption que tel n'est pas le vœu de la Providence ; car, admettant notre premier principe, c'est une conséquence de dire, que, si Dieu avait voulu que le meurtrier fût puni par l'emprisonnement, il aurait mis dans son cœur un sentiment naturel d'horreur pour la prison, au moins aussi violent que l'horreur qu'il éprouve pour la mort, afin que ce sentiment devînt, par sa force, une garantie de la sécurité publique, aussi solide que celle offerte par la crainte de la mort. Mais la Providence n'en a point ainsi ordonné ; la mort est plus terrible que la prison : la mort, en cas de crime, doit donc être appliquée ; peine affreuse, qui, si elle n'était pas aussi nécessaire pour protéger la faiblesse et l'innocence des attaques de la cupidité, de la violence et de toutes les passions homicides, n'aurait jamais trouvé un partisan.

Toutefois s'il reste encore quelques doutes sur l'insuffisance de la prison, sur l'utilité de la peine de mort par rapport aux crimes, et sur la gravité de cette peine, que l'on aille, pour compléter sa conviction, que l'on aille assister au moment où le drame d'une cour d'assises touche au dénouement, lorsque le jury paraît, que le juré, dépositaire de la décision fatale, lève la main devant Dieu, que tout le public inquiet, le regard fixe, l'oreille attentive, écoute sortir le premier mot : « *Oui, l'accusé est coupable*..... » Quel gémissement s'échappe de tous les cœurs et se prolonge par tout l'auditoire ! Quel homme n'est pas comme glacé, et ne rend secrètement grace à Dieu de n'être pas le malheureux tour à tour l'objet de l'horreur et de la compassion ! Qu'on le suive maintenant au lieu du supplice, que l'on contemple cette foule dans le silence et comme plongée dans la stupeur devant l'instrument fatal ; comme la tristesse et presque l'effroi sont répandus sur tous les visages, long-temps même

avant que le criminel ne paraisse ; enfin lorsqu'il
a monté cet escalier qu'il ne doit plus descendre,
et qu'à genoux il fait à haute voix la dernière
prière.... téméraires, qui voulez ravir à la société
sa trop nécessaire défense, dites-nous, au milieu
des flots de cette foule qui se presse, n'est-il pas
plus d'un cœur au fond duquel s'agitait depuis
long-temps la pensée d'un forfait, que ce spectacle
en a chassée pour toujours ?

Elle est donc, nous ne saurions trop le ré-
péter, une institution utile, une institution nécessaire à la société, cette loi qui frappe un homme
pour en sauver plusieurs ; elle doit donc être
maintenue, cette peine qui offre de si grands
exemples et produit de si salutaires effets pour
l'ordre public.

Ah ! pour nous consoler de ce qu'il y a de si
cruel dans la tâche sévère que nous avons imposée
à notre jeunesse, de ce qu'il y a de si pénible dans
le silence où nous avons réduit toutes les inspirations de notre cœur, nous avons besoin de son-
ger à ces malheurs et à ces crimes prévenus, à ces
vengeances enchaînées, à tant de violences sus-
pendues, à ces habitations protégées, défendues

par la terreur du moment fatal ...... Sans
doute le sang du coupable a coulé; mais le sang
de l'innocence n'a pas à flots abreuvé la terre.
Disons-le, si quelque chose peut rassurer l'ame
du magistrat lorsqu'il a condamné un homme à la
mort, c'est bien cette voix qui s'élève du fond de
la conscience, et lui rappelle qu'il vient de raf-
fermir un des liens de la société, qu'il a satisfait
aux lois de la morale et de la justice, qu'il a
contribué au bonheur de tous, et qu'il vient
par là de répondre aux commandements du ciel :
si quelque chose enfin doit lui mériter la recon-
naissance publique, c'est d'avoir ainsi fait violence
à tous les sentiments de la nature, de s'être lui-
même condamné à une décision si déchirante, uniquement parce que l'utilité de ses concitoyens s'y
trouvait intéressée.

Ici notre antagoniste lui-même, obligé d'avouer
la puissance et l'utilité de l'exemple sur l'esprit de
la multitude, n'hésite pas à reconnaître, à proclamer « qu'il faut des peines exemplaires capables de
« réprimer les tentations qui entraînent les hommes
« au crime. »

Mais ne nous abusons pas sur cette concession :

devenu tout à coup plus sévère que nous-mêmes, « il ne trouve pas encore la peine de mort assez grave, il ne juge pas qu'elle soit d'un exemple assez terrible, il ne pense pas même qu'elle soit une punition, il faut inventer quelque supplice plus rigoureux. »

Quel est donc ce nouveau moyen de rigueur qu'il propose contre les scélérats ? qui devra remplacer pour la multitude l'effet de l'exemple et augmenter pour le criminel la longueur et la cruauté des supplices, qui pourrait faire revivre enfin l'avantage du système de la prison pour les criminels, tout en le garantissant de ses inconvénients pour le corps social? Quel est-il ce moyen si utile, si convenable au bien public, et que l'on a tant tardé à découvrir ? Quel est - il ? le remords..... Ainsi ce n'est plus la crainte d'avoir la tête tranchée qui devra désormais enchaîner le bras de l'assassin, et garantir le repos et la vie des sociétés, « c'est la crainte d'éprouver des remords. » Ainsi ce n'est plus le sang du coupable qu'il faut faire couler aux pieds du peuple assemblé; « c'est un homme en deuil et qu'on dit avoir des remords, qui doit être publiquement exposé, comme l'exemple effrayant de la peine qui menace les grands criminels. »

Pour repousser ce nouveau système de pénalité, il suffit d'examiner quelles circonstances peuvent déterminer le remords, quels sont alors ses résultats : de rechercher quelles causes peuvent l'empêcher d'exister, ce qu'est alors le crime.

Cet examen, en nous faisant connaître la théorie du système des remords, nous fera sentir son insuffisance, nous apprendra le danger qui peut résulter pour la société de sa mise en pratique, et nous ramènera encore à la peine capitale, comme seule applicable dans le cas de crimes.

Oui, dirons-nous, les remords sont un supplice affreux ; mais, parmi les scélérats, qui les éprouve ? quel assassin a conservé assez d'ame pour qu'elle soit tourmentée par le remords ? Il s'est joué de la vie de son semblable, il se jouera également du remords : c'est un mot vide de sens pour cet homme.

Toutefois il faut l'avouer, et ici montrons les causes qui peuvent déterminer le remords et quels sont alors ses résultats. Il est des hommes qu'un entier oubli de toute religion, suite d'un déchaînement

violent de passions tumultueuses, a pu quelquefois
entraîner au crime plutôt qu'une longue dépravation. Ils ont combattu long-temps avant de triompher d'eux-mêmes ; leur conscience leur a disputé
le terrain pied à pied ; quelquefois même elle a
retardé leur marche ; mais ils ont réduit sa voix
au silence, ils l'ont étouffée et se sont avancés ; la
lutte est finie, la victime expire. Alors le bandeau
tombe, la conscience se relève : Malheureux, s'é-
crie-t-elle, qu'as-tu fait ? Vois ton frère égorgé....
Tu pleures à présent... Je te l'avais bien dit....
Mais tu n'as écouté que ton avide rage : va... je
te voue aux remords.... Et les remords, dès ce
moment, commencent à s'agiter autour de sa tête ;
le voilà en proie à un supplice affreux. Qu'arrive-
t-il alors ? C'est que le supplice est si affreux que
le coupable ne peut même le supporter. Il met
bientôt un terme à ses jours pour mettre un terme
à ses souffrances, et le voilà qui tombe, au sortir
de cette vie, entre les mains de la colère divine,
sous le double poids d'un homicide et d'un suicide ; et celui que les hommes n'ont pas voulu
frapper au temps du repentir, c'est la justice de
Dieu qui le reçoit quand toute espérance est fer-

mée pour lui à jamais. Ce n'était pas la première fois que les remords menaient au suicide, quand Judas se donna la mort, et cet attentat n'a pas été le dernier auquel le remords ait mené le crime impuni.

Que le coup vengeur se hâte alors d'aller atteindre le criminel au milieu même de tous ses remords : que la justice de l'homme frappe le premier forfait pour que la colère divine n'en ait pas deux à châtier.

Eh bien! donc, si des remords véritables et bien cuisants ne doivent pas arrêter la hache du bourreau, qui pourra encore la suspendre quand il s'agira de la monstrueuse hypothèse où il n'y a plus même de remords? quand il s'agira de cette caste qui est comme en dehors de l'humanité, de ces brigands abjects qui, dépouillés dès l'abord de tous sentiments de vertu, n'ont jamais eu besoin d'efforts pour les déraciner; qui, corrompus et abrutis presque par essence, privés comme par la nature de toute conscience, n'ont jamais été combattus par ses accents, n'ont jamais eu à les étouffer, n'ont jamais eu enfin de lutte à soutenir pour entrer dans la carrière du meurtre, mais s'y sont

trouvés tout portés, n'ont pas été lancés par de
grands intérêts, par de violentes passions, sur
les degrés du crime, mais les ont toujours par-
courus comme le patrimoine de leur existence :
hommes sans ames, espèce de démons sur la
terre, qui passent leur vie au milieu des forfaits,
plongés tout entiers dans un abrutissement hon-
teux, comme dans leur propre élément, jamais
ils ne portent un regard en arrière sur la trace
de sang qu'ils laissent après eux, ou s'ils la regardent, c'est avec une indifférence infernale....
Leurs jours se sont écoulés dans un continuel
étourdissement sur eux-mêmes, et ils sont arrivés
ainsi de crime en crime à un endurcissement et à
une insensibilité qui tient presque de la matière....
Peut-on croire raisonnablement que laisser vivre
de pareils êtres, ce soit les livrer au tourment des
remords ? Ah ! s'il était possible qu'ils en éprou-
vassent, ce serait donc de n'avoir pas répandu
encore assez de sang pendant leur vie ; s'ils pouvaient sentir des regrets, ce serait donc de n'a-
voir pas assez employé le temps de leur impu-
nité, de n'avoir pas assez profité de leurs infâmes
succès ; s'ils pouvaient connaître un repentir, ce

serait donc de n'avoir point su échapper toujours
à la vengeance humaine. Scélérats glacés, dont l'ame
pour la première fois s'émeut au pied de l'échafaud
et retrouve en même temps une force assez infernale pour se rire de la pitié qui voudrait encore les
sauver. Inaccessibles au repentir, étrangers aux
remords, ce ne sont plus des hommes, mais des
tigres, qui, s'ils restent en vie, n'attendent et ne
cherchent plus que des occasions nouvelles de
meurtre, et voués désormais à la mort par la législation de toutes les sociétés au sein desquelles
ils sèment le désordre et la terreur.

Mais il est encore d'autres crimes que le remords ne saurait atteindre : ce ne sont pas de ces
crimes dont le moteur a quelque grand intérêt
particulier, mais qui ont eu pour cause une telle
puissance de détermination intérieure, une telle
force de spontanéité, qu'il n'y a jamais eu incertitude si l'on commettrait le crime; qu'il n'y a pas
eu hésitation, doute, crainte sur la résolution : ce ne
sont pas non plus des crimes qu'une longue suite de
crimes précédents, rendent faciles, et cependant
ils se consomment avec l'impassibilité de l'habitude.

Quel est donc ce puissant moteur qui remplace

le stimulant d'un criminel intérêt particulier?
qu'est-ce donc qui donne à l'homme, qui médite
le seul crime de sa vie, une force égale à celle de
l'habitude, pour le consommer, et exclure par là
l'idée du remords?

C'est le fanatisme religieux et politique.

Le fanatisme religieux qui persuade l'homme
qu'il est animé par l'esprit de Dieu, qui lui fait
croire que la religion est la source de ses inspirations, lui fait trouver dans cette croyance une
force invincible, une force supérieure à tout autre sentiment de conscience, et qui fait taire toute
autre inspiration humaine.

Ce fanatisme qui fait des héros dans la vertu,
doit faire des monstres dans le crime : car l'homme
qui appuie son crime sur des inspirations de cette
nature, communique à la pensée de ce crime toute
la force de ces inspirations, et dès-lors le forfait
est inévitable.

Oui, le raisonnement comme les faits appren-
nent que celui qui pendant l'ardeur d'une imagination délirante, voit dans un meurtre l'accomplissement d'un devoir sacré, ne trouve aucune
raison de se le reprocher quand le meurtre est

commis, parce qu'il est de principe qu'on ne saurait se repentir d'avoir fait ce que Dieu a commandé.

Le crime commis dans l'hypothèse de cette croyance ne laisse donc aucun remords et par conséquent n'offre au coupable aucune punition réelle, en tant que tirée du remords ? Non : les mille coups d'épée dont les gardes de Henri III frappèrent son assassin, ce Jacques Clément de l'ordre des Jacobins, ne prévinrent pas ses remords.

Le fanatisme religieux du crime n'est pas le seul qui ait été funeste à nos rois, n'est pas le seul sans remords, n'est pas le seul digne de mort : le fanatisme politique poussé aussi par je ne sais quelle sublimité de noirceur, n'est pas moins fatal aux rois, n'est pas plus accessible aux remords, et ne mérite pas moins la mort que l'autre fanatisme.

On n'oubliera jamais ce Louvel, cet autre inspiré par je ne sais quel fanatisme politique. Être monstrueux pour lequel il eût été tout à la fois dérisoire et révoltant de parler de remords ! Cependant on a dit que ton crime était si grand qu'on aurait dû te livrer à tes remords !.... Tes remords ? monstre ! ton crime ?.... c'est peut-être de n'avoir pas frappé du même coup tous les Bourbons.

Va, tu n'es monté que trop justement sur l'é-chafaud.... et certes, alors, si la justice de l'homme était l'instrument de sa vengeance plutôt qu'une simple nécessité de l'ordre, c'est bien contre ce scélérat que les tortures les plus affreuses auraient dû être essayées ; et Louvel ne serait pas mort comme un criminel ordinaire.

Que dis-je ? si la justice qui frappe de mort, n'était pas un moyen sacré d'ordre et d'utilité publique... Louvel vivrait... car les derniers mots de l'auguste martyr fut cette devise des Bourbons : « *Grace au coupable.* »

Qu'elle est donc inévitable, qu'elle est donc imposante et sacrée cette voix qui commande au magistrat la mort du coupable, puisque la dernière prière d'un prince mourant, n'a pu être écoutée !

C'est ainsi que toutes les fois qu'il s'agit de l'ordre public, le crime et la peine de mort se présentent toujours étroitement liés ensemble.

Arrivés à une démonstration aussi précise, que ce système de pénalité criminelle renferme plus que tout autre les conditions et les éléments nécessaires à l'existence de l'ordre, nous semblons fondés à croire, que les objections doivent enfin cesser.

Nous nous trompons : il ne triomphe pas encore devant l'esprit de réforme ; et comme il paraît qu'on ne peut raisonnablement présenter aucun autre système meilleur, on s'attache alors à rechercher ses imperfections virtuelles, les défauts attachés à sa nature, à son existence, et en l'absence d'autres imperfections, « on accuse son insuffisance par « rapport aux souffrances que la peine capitale fait « endurer au criminel ; on ne veut plus enfin me- « surer son utilité qu'en proportion de l'effet « qu'elle produit physiquement sur le coupable, « et comme cet effet n'est peut-être pas très sen- « sible par la rapidité avec laquelle on passe de la « vie à la mort, que l'intention du législateur a « dû être cependant d'infliger à l'homicide la peine « la plus cruelle, il ne devait point lui infliger la « peine de mort : il faut enfin l'abolir. »

Peut-être qu'on ne serait pas arrivé à cette con- séquence, si l'on eût mieux apprécié le vrai prin- cipe de l'institution de la peine capitale ; faisons-le connaître, ou plutôt reproduisons ce principe qui préside à toute notre discussion ; qu'il anéantisse encore cette objection. L'épouvante qu'inspire la seule idée de la mort, l'horreur qui s'attache à la cessation de la vie, indépendamment, abstraction faite, de tous les supplices, de toutes les tortures qui peuvent la rendre plus cruelle, cette idée seule, la mort, suffit pour arrêter les conseils criminels et garantir le maintien de l'ordre dans la société ; mais il n'est pas nécessaire pour obtenir ce résultat que l'on fasse souffrir cruellement le coupable ; car ce n'est pas le supplice que l'homme voit dans la mort, c'est la mort... la mort seule, de sorte que si l'on pouvait même la donner par un moyen plus doux encore que celui adopté aujourd'hui, et qui toutefois, ne perdît pas l'avantage de l'exemple sur la multitude, et l'utilité de la terreur qu'il imprime, la sagesse ne le défendrait peut-être pas au législateur : non, la peine capitale n'est pas à proprement parler un instrument de tortures, de haine ou de vengeance ; c'est un instrument de justice et d'ordre : voilà tout.

Sa destination est l'ordre : il est démontré qu'elle le procure ; dès-lors elle est suffisante.

Mais peut-être accuse-t-on encore son insuffisance, par rapport aux actes criminels qu'elle ne sait que punir , sans pouvoir les empêcher ; « l'homme qui se rend coupable d'un meurtre « n'ignore pas, dit-on, la loi qui punit le meurtre, « de la mort. Il connaît la loi; eh bien, il la mé- « prise, il foule toute crainte aux pieds , il con- « somme l'homicide. De quoi sert donc alors une « peine si terrible et si vaine? pourquoi ne pas « abolir enfin un châtiment qui n'inspire qu'une « crainte si stérile? »

A ce raisonnement du sophiste, nous compre- nons qu'il tient note de ces grands crimes que la crainte de la mort n'a point su arrêter : mais sait- il aussi tous ceux que cette crainte a étouffés avant leur consommation, depuis le commencement des sociétés? sait-il tous ceux que cette crainte suspend encore tous les jours? peut-il compter tous ceux qu'elle doit épargner au monde dans la suite des temps ?

Peut-être il resterait frappé d'étonnement et d'indignation, s'il devenait le confident de tantd'hom- mes qu'il croit si déterminés et si inaccessibles à la crainte d'un supplice, et qui pendant toute leur vie refoulent un crime au-dedans de leur cœur, par cette seule crainte d'être condamnés à perdre la vie.

Mais, qui peut, nous dira-t-on, pénétrer ainsi dans les replis secrets de la perversité humaine? de quel droit établir comme une certitude, ce qui n'est qu'un doute, établir en fait, ce qui est en question?

Eh bien! admettons que ce soit encore un doute : quel législateur serait assez imprudent pour se croire autorisé, sur ce seul doute, à briser cette barrière de la mort, derrière laquelle sont peut-être retranchés tous les crimes de la race de Caïn? près de laquelle, sont peut-être arrêtés mille noirs scélérats qui écoutent vos paroles avec une joie satanique.... et n'attendent que le moment? Doit-on pour éclaircir ce doute et pour contenter l'expérience des réformateurs, rompre une digue cimentée par l'expérience de tous les temps, au risque de laisser un déluge de crimes inonder le monde? Doit-on enfin parce qu'on a vu quelques meurtriers forcer cette digue, la croire désormais inutile aux autres et la lever à tous?

Réformateurs téméraires! qui donc pourrait vous autoriser à renverser ainsi ce qui conserve les nations depuis tant de siècles? quelle expérience nous

garantit la sagesse de cette grande modification de
la justice, et peut vous autoriser à réaliser vos
nouvelles combinaisons? et pour qui encore tant
de violations à l'ordre établi? pour qui? il faut bien
le dire enfin! pour d'infâmes assassins, de vils scélérats, pour des êtres dégradés qui refusent d'ap-
partenir au genre humain en foulant aux pieds
toutes ses lois; pour des hommes, qui en faisant
volontairement et quand il leur était libre de s'en
abstenir, ce qu'ils savaient devoir emporter la peine
de mort, se sont ainsi, d'avance, placés volontairement sous le coup de cette peine. Quel avenir
enfin avez-vous interrogé pour être assuré, que de
ce seul changement fait dans la législation, ne sor-
tira pas une longue suite de crimes envers la pos-
térité, et d'entraves pour le gouvernement des sociétés?

Vous ne pouvez répondre : eh bien, si rien ne
vous autorise à présenter votre nouvelle théorie,
rien ne peut nous autoriser à l'admettre.

Cessez donc de vains prétextes : ce n'est pas
pour les punir davantage que vous voulez soustraire les meurtriers à l'échafaud : ce sont les intérêts d'une émancipation sans limites de la race

humaine, ce sont peut-être les intérêts de la liberté absolue que vous stipulez aujourd'hui : voilà quel est véritablement le fond de vos doctrines, voilà bien le but vers lequel tendent tous vos systèmes.

Mais rassurons-nous, il n'est pas un législateur dont la sagesse et la prévoyance ne repousse l'idée d'une semblable expérience; il n'en est pas un qui consente ainsi à mettre à l'essai la perversité de l'homme pour éprouver sa vertu; il n'en est pas qui n'aperçoive dans cette proposition une idée subversive de toute idée sociale ; et si l'on a vu quelquefois la malice humaine déborder les institutions répressives, on n'en peut rien induire contre ces institutions; le législateur a donné les meilleures qui fussent en son pouvoir : l'homme ne répond pas de son impuissance; si nous sommes obligés de convenir enfin que des hommes se sont rencontrés que la crainte de la mort n'a point su intimider, vous êtes aussi obligés de reconnaître que ce sont-là des exceptions qui restent sans autorité devant l'observation générale : et loin qu'une si monstrueuse exception puisse leur éviter la mort, ceux qui ont dépouillé une crainte si grave, sont alors des scélérats si consommés qu'on ne saurait en purger trop promptement la société qu'ils ont blessée dans un de ses membres et qu'ils menacent de nouveau de leurs sanglantes attaques.

Ainsi, voilà encore que la route qui devait nous éloigner de l'institution de la peine capitale, nous y a ramenés comme nécessairement, parce que dans notre marche, notre esprit a fixé constamment l'ordre public, comme le seul but auquel nous dussions tendre, et que l'ordre public est tellement intéressé, est tellement identique à l'institution de la peine capitale, qu'on ne peut voir, qu'on ne peut comprendre l'ordre public, sans voir, sans comprendre en même temps la peine capitale.

Voilà ce qu'enseignent la sagesse et l'expérience de toutes les légistations : telle est cette grande sauvegarde, cette puissante garantie de l'ordre, que toutes les sociétés ont sollicitée et que tous les législateurs leur ont octroyée : inhérente à tous les corps sociaux, la peine de mort subsistera tant qu'ils subsisteront eux-mêmes. En vain les accents isolés de quelques réformateurs, s'élèveront contre tant d'autorités, ils ne prévaudront point contre la réclamation universelle, et l'échafaud restera debout pour le crime, il restera debout parce que l'ordre public le commande, et que l'ordre public est le vœu de la Providence.

Arrivés à ce point nous pensons avoir rempli la tâche que nous nous étions imposée dans cette première partie de notre travail.

Après avoir établi en principe, et prouvé, que l'ordre public était dans la volonté divine, il reste démontré d'une manière implicite, que l'institution de la peine capitale a son principe et trouve une autorisation tacite dans cette volonté divine, par cela seul qu'il a été prouvé que cette institution était exigée par l'ordre public et le bien général.

Cette seule sanction tacite, ainsi émanée de la Providence, devrait suffire assurément pour consacrer l'institution de la peine de mort, lui donner, aux yeux des novateurs, une irrécusable autorité, la mettre désormais à l'abri de leurs attaques, et nous dispenser d'une plus longue apologie : mais, comme on n'a pas seulement avancé que cette institution était réprouvée tacitement de Dieu, que l'on a encore soutenu qu'elle était expressément défendue par ses propres paroles, ce

3

n'est plus assez d'avoir triomphé de la première
proposition par des argumens, il faut aussi que
la seconde soit renversée par les *propres paroles
de Dieu.*

Ici il s'agit moins de raisonner, que d'écouter
en silence, et de recueillir avec respect les paroles
sublimes qui vont se faire entendre : c'est la Bible
qui s'ouvre ; c'est Dieu qui parle :

*Je vengerai la vie de l'homme de la main de
l'homme qui est son frère, et qui l'aura tué* (1).

Ce sont les premières paroles que Dieu adresse
à Noé au sortir de l'arche : c'est ici la première
loi du monde nouveau, sans doute parce que le
premier crime de l'ancien, après la désobéissance
d'Adam, fut l'homicide, et c'est peut-être pour cela
que Dieu ajoute : *De la main de l'homme qui est
son frère, et qui l'aura tué* (2), pour désigner le
fratricide, et rappeler le forfait de Caïn; pour ré-
voquer la promesse qu'il avait faite de protéger ce
dernier, quand celui-ci, poursuivi par ses remords,
fuyant la présence des hommes, disait : *En quel-*

(1) *Gen. chap. IX, v.* 5.

(2) *Gen. chap. IX, v.* 5.

que lieu que l'on me trouve , on m'ôtera la vie comme je l'ai ôtée à mon frère; tant il est naturel et profond le sentiment que l'on mérite la mort quand on l'a donnée injustement! tant elle était déja puissante à sa naissance cette loi qui arme les hommes contre le meurtrier, puisqu'il a fallu une protection spéciale et positive de la part de Dieu, puisque déja il a fallu, en quelque sorte, une exception pour soustraire le coupable à de sanglantes vengeances! tant elle est enfin nécessaire au monde la loi de mort, puisqu'après le déluge, au moment où la terre n'était plus qu'un désert et avait besoin d'être entièrement repeuplée, dans un temps où , pour cette raison , les coupables pouvaient plutôt paraître dignes de pardon, Dieu, se souvenant sans doute que les hommes avaient abusé de l'indulgence qu'il avait montrée pour Caïn, annonce que l'homicide devra être puni aussi sévèrement que si la terre était couverte d'habitants , et cimente par là l'union de l'unique famille du monde, et de toutes les sociétés dont elle était alors l'image et l'origine.

Mais Dieu ne se réserve pas à lui seul le droit de faire mourir l'homicide ; car après ces mots :

Je vengerai la vie de l'homme de la main de l'homme, se trouvent encore ceux-ci : *Quiconque aura répandu le sang de l'homme, les hommes le puniront par l'effusion de son propre sang* (1). Ainsi voilà que Dieu communique aux hommes sa propre autorité, qu'il leur confère solennellement le droit de tirer vengeance de l'homicide par leurs propres mains. Cette autorité fut d'abord confiée aux chefs des familles ; ensuite au conseil des anciens dans chaque tribu, ou chaque colonie, et dès qu'il y eut des formes de république, les lois et l'usage rendirent dépositaires de ce droit de vie et de mort les princes ou les magistrats qui gouvernaient. Mais tout ce qu'auraient entrepris les hommes, n'eût été qu'injustice et usurpation, sans cette grande parole, devenue le fondement de tous les états : *Quiconque, etc.* Car il est visible que celui qui soumet l'homicide au jugement des autres hommes, y soumet tous les homicides injustes, la société civile ne pouvant subsister s'ils demeurent impunis. C'est à cette première loi que Jésus-Christ faisait allusion lorsqu'il disait à St. Pierre :

_____

(1) *Gen. chap. IX, v.* 6.

Ceux qui prendront l'épée, périront par l'épée, l'entendant du particulier, sans l'autorité publique légitimement établie. Ce n'est que dans ce sens que J. - C. pouvait le dire, et non dans le sens général dans lequel on a coutume d'expliquer cette parole.

Après avoir ainsi témoigné sa suprême volonté sur le châtiment qui regarde l'injuste homicide, Dieu nous explique les raisons de sa sévérité ; il les révèle par ces mots : *Car Dieu a créé l'homme à son image* (1). C'est donc une chose sacrée et divine que l'homme : il n'est pas seulement l'image de Dieu, comme une statue l'est du prince, qu'on ne peut cependant renverser ni mettre en pièces, sans commettre un crime contre la majesté du prince qu'elle représente. L'homme est l'image vivante de son Dieu, et par conséquent lui tient lieu de fils. Il était immortel par son origine; sa vie n'a plus que des moments assez courts ; c'est donc une fureur inexcusable que de les abréger encore sans sujet légitime.

Raison de l'extrême différence que Dieu met

(1) *Gen. chap. IX, v. 6.*

entre l'homme et les bêtes : soumises à l'homme,
esclaves de sa volonté, on voit par ce dernier
rang de la nature où Dieu les a placées, qu'il ne
les estime pas au-delà de la matière ; mais, pour
l'homme, il est son œuvre de prédilection; *il est
l'image de Dieu :* comme lui intelligent, comme
lui indépendant de la matière, libre, juste et spi-
rituel comme lui; par une sublime transmission,
l'essence de la Divinité est devenue l'essence de
l'homme : voilà ce qui élève vraiment ce dernier jusqu'à l'image de son Créateur; tel est ce rapprochement merveilleux qui tend à revêtir l'homme d'un
caractère inviolable et sacré : mais telle est aussi la
source d'où l'on essaie de faire découler un argument contre le droit de vie et de mort que le législateur exerce dans la société humaine. On s'em-
pare de ce principe : « *L'homme est semblable à*
« *Dieu, donc c'est une impiété et un sacrilège de*
« *frapper l'homme de la mort, parce qu'en lui on*
« *s'attaque à Dieu même* »; puis on généralise
ce principe, et, venant à l'homme criminel, on
ajoute : « *L'homme, pour s'être rendu criminel,*
« *n'en est pas moins un homme, comme homme*
« *semblable à Dieu, et comme tel inviolable :* mal-

« heur donc au législateur qui frappe de mort ce
« criminel ; il devient un impie et un homicide. »
Sophisme plein de naïveté ! on oublie sans doute
la distinction qu'il y a entre *l'homme innocent*
et l'homme coupable ; distinction qui rend,
en effet, le premier semblable à Dieu et lui donne
à ce titre un caractère inviolable, pendant qu'elle
couvre l'autre d'une tache qui efface entièrement
en lui les traits de la Divinité, et lui ravit par
conséquent les privilèges attachés à cette ressemblance. Il faut nous ressaisir de cette importante
distinction, qui est la véritable règle d'appréciation des droits de l'homme sur l'homme : et montrant comment l'homme du crime a détruit les
rapports qu'il y avait entre son Dieu et lui, comment il s'est trouvé par là ramené sous le coup
des institutions qui n'ont pas le droit d'atteindre
l'innocence, parce que l'innocence offre les caractères de la ressemblance divine, cette distinction nous mènera à la réfutation complète du plus
imprudent des sophismes.

Non, l'homme devenu criminel ne possède plus
une seule des qualités qui, dans l'état d'innocence,
le rendait *l'image de Dieu :* ce n'est plus cet *être*

libre et indépendant, puisqu'il a cédé à la violence de ses passions; ce n'est plus cette œuvre *créée pour la justice*, puisqu'il a commis une action qu'elle réprouve; ce n'est plus cet *être intelligent*, puisqu'il n'a pas su faire un meilleur usage du libre arbitre; ce n'est plus cette *créature spirituelle*, puisqu'il s'est livré tout entier à la brutalité des sens; ce n'est donc plus enfin l'*image de Dieu* que l'on frappe; c'est une créature, qui, par sa corruption et ses crimes, s'est dépouillée de tout ce qui l'attachait et la rendait semblable à la Divinité, et par ce dépouillement est descendue au niveau des bêtes, que l'homme a droit d'exterminer quand elles sont devenues dangereuses à son repos ou à sa conservation. Il n'est donc plus homicide, comme on a osé le dire, il n'est plus impie, le législateur qui ôte la vie au meurtrier : ce n'est plus l'homme qu'il frappe dans l'homme.

Mais pourquoi chercher à étayer de nos faibles raisonnements ce qui est si solidement appuyé sur le texte divin? car c'est une chose merveilleuse de voir avec quelle prévoyance, Dieu devenu lui-même le législateur des hommes, va établir les premiers fondements de toutes les législations,

entrer dans toutes les hypothèses, résoudre toutes
les difficultés, répondre à toutes les objections
possibles, applanir par là les voies de la justice humaine, et poser ainsi la pierre angulaire de toutes
les sociétés; et c'est parce que cet ouvrage était
peut-être trop au-dessus de l'esprit humain, qu'il
n'était pas réservé à l'homme de le former : aussi
ce n'est point un homme qui a jeté ces bases éter-
nelles de nos actions; c'est Dieu : c'est Dieu, qui
est descendu sur la terre, qui a appelé à lui
l'homme qu'il choisissait dans sa sagesse, pour
être désormais le dépositaire et l'interprète des
lois qu'il allait donner au monde; c'est Dieu qui
s'est fait entendre à Moïse et lui a dit :

*Voici les ordonnances que vous proposerez au
peuple* (1). Et après avoir enseigné ce qui est relatif
à quelques parties des lois civiles, arrivant aux lois
criminelles, Dieu ajoute : *Si quelqu'un frappe un
homme de sorte qu'il en meure, il sera puni de
mort* (2).—*Si quelqu'un s'est élevé contre son prochain, de dessein prémédité, et lui a dressé des*

(1) *Exod. chap. XXI, v. 1.*
(2) *Exod. chap. XXI, v. 1.*

embûches pour le tuer, vous l'arracherez même de mon autel, pour le faire mourir (1). Qu'on se porte maintenant au Deutéronome, et qu'on voie comment cette loi s'explique et se corrobore dans celles qu'on y trouve.—*Si quelqu'un haïssant son prochain lui dresse des embûches, que, l'attaquant il le frappe et le tue, et qu'ensuite il s'enfuie dans l'une des villes de refuge* (2) (c'étaient trois villes dans lesquelles, ainsi que nous le verrons plus bas, tout homicide involontaire pouvait se réfugier sans crainte de poursuites : on les appelait *villes de refuge*), *les anciens de sa ville l'enverront prendre là, et le livreront entre les mains de celui qui a droit de venger le sang de celui qui aura été tué, et il sera mis à mort* (3).—*Vous n'aurez point de compassion pour le coupable ; mais vous lui ferez rendre vie pour vie* (4).

Ainsi Dieu ne veut pas qu'un homme criminel puisse se prévaloir et abuser de la sainteté de ses autels ; il perce dans l'avenir, et il veut ôter à l'im-

---

(1) *Exod. chap. XXI, v.* 13

(2) *Deut. chap. XLY, v.* 11.

(3) Id. *v.* 12.

(4) Id. *chap. XXI, v.* 13.

pie le droit de dire que la religion ait jamais pu servir de prétexte ou de sauve-garde à l'injustice. Quelle sévérité dans ces paroles : « *Vous l'arra-* « *cherez même de mon autel, pour le faire mou-* « *rir !* » — Il faut donc que le crime soit bien détestable et bien digne de mort, puisqu'un Dieu tout de miséricorde repousse le coupable qui vient chercher un asile aux pieds de ses autels; il le rejette, il l'abandonne tout entier à la vengeance des hommes ; il ne veut pas même qu'on l'invoque pour lui; il semble enfin imposer silence à la voix de la pitié si naturelle chez l'homme. « *Vous n'au-* « *rez point de compassion pour le coupable* », dit le Seigneur. Certes, Dieu prévoyait dès ce jour qu'il devait être plus tard invoqué en faveur des criminels; car on ne saurait trouver une réponse plus positive à ce vœu qu'on lui adresse aujourd'hui, et contre lequel nous nous élevons nous-même, muni, comme nous l'avons annoncé, de l'autorité divine.

Cette sévérité de Dieu se montre partout dans les livres saints, et, comme s'il craignait que cette pente naturelle qu'ont les hommes à l'indulgence ne les portât à oublier ou à laisser tomber en dé-

suétude les lois qui intéressent l'ordre général
des sociétés, il reproduit souvent ses ordonnances
sur la peine de mort : le livre des Nombres nous
en fournit de nombreux exemples.

*Si un homme en frappe un autre avec un in-
strument de fer, et que l'homme frappé en meure,
le meurtrier est* coupable d'homicide, et sera puni
de mort (1).

*Si un homme en frappe un autre avec une
pierre qu'il aura jetée avec la main, et qui était
capable de tuer, et que l'homme frappé en meure,
le meurtrier est* coupable d'homicide, et sera puni
de mort (2).

*Si un homme en frappe un autre avec un in-
strument de bois, et dont le coup était capable de
tuer, et que l'homme frappé en meure, le meurtrier est* coupable d'homicide, et sera puni de
mort (3).

*Si un homme, animé de haine contre un autre,
le pousse ou jette quelque chose à dessein contre
lui, de sorte qu'il en meure, ou si, dans sa haine,*

(1) *Nombr. chap. XXXV*, v. 16.
(2) Id. v. 17.
(3) Id. v. 18.

il le frappe avec la main et le tue, celui qui aura ainsi frappé sera puni de mort, parce que c'est un homicide (1).

Vous ne recevrez aucun prix de rachat pour délivrer du supplice le meurtrier qui est coupable et digne de mort ; mais il sera mis aussitôt à mort (2).

Ainsi vous ne permettrez point que la terre demeure souillée ; car le sang injustement répandu souille la terre, et la terre ne peut être purifiée du sang qui a été répandu sur elle, que par l'effusion du sang du meurtrier (3).

Remarquons ces paroles : *le sang injustement répandu*. Elles marquent d'une manière précise, que le sang peut être quelquefois répandu justement, quand c'est le sang du meurtrier coupable, c'est-à-dire, de celui qui a donné la mort de dessein prémédité, par un sentiment de haine, de cupidité ou de jalousie ; elles marquent que le législateur qui verse le sang d'après cette hypothèse, ne le verse pas injustement ; que par conséquent

(1) *Nomb. chap. XXXV, v.* 20 *et* 21.

(2) *Id. v.* 31.

(3) *Id. v.* 33.

il ne mérite plus lui-même la mort, bien qu'il l'ait donnée, parce qu'il l'a fait alors sans être mu par aucun sentiment dont le principe soit vicieux ; il l'a fait, éloigné de tout intérêt particulier, et seulement dans la vue de l'intérêt général.

C'est ainsi que Dieu a prévenu cette objection : « Que si l'on mérite la mort parce qu'on l'a don-« née, le législateur, qui la fait subir, la mérite « aussi lui-même. » C'est par cette importante distinction entre l'homicide injuste, qui mérite la mort, et l'homicide juste, qui ne la mérite plus, que Dieu arrête le cercle vicieux dans lequel on voulait nous jeter, en nous faisant partir d'un principe trop général.

Après avoir déployé une sévérité si grande contre l'homicide, et après avoir prescrit sa mort en termes si formels, Dieu pouvait-il suspendre sa colère à l'égard du parricide ? Peut-on encore vivre, lorsqu'on a porté une main téméraire sur ses parens ? Les novateurs ne croient pas que ce crime doive faire encourir la peine de mort plus que tout autre ; nous ne savons si leur prudence est plus haute que celle de Dieu, mais voici ce qu'il répond : « *Celui qui aura frappé son père ou sa mère, sera puni de mort* (1). *Si quelqu'un maudit son père ou sa mère, qu'il soit puni de mort; que son sang retombe sur lui* (2).

Qu'on écoute encore ces paroles du livre de Salomon, elles ont quelque chose de grand et de solennel : *Si quelqu'un maudit son père ou sa mère, sa lampe s'éteindra au milieu des ténèbres* (3). Ces derniers mots ont un sens mystérieux et terrible; le Proverbe 27, ch. XX, l'explique : *L'ame de l'homme est une lampe, qui découvre tout ce qu'il y a de plus secret en lui* (4). Ainsi voilà ce que veulent dire ces paroles : Si quelqu'un maudit son père ou sa mère, *son ame* s'éteindra au milieu des ténèbres, son cœur sera plongé le reste de sa vie dans une sombre nuit; il a perdu désormais tous les mouvemens spirituels, toutes les émotions qui font le charme de l'existence, ou, qui du moins, la rendent sensible; ainsi il ne se sentira même plus vivre, il souffrira longuement une mort vivante; il est intérieurement desséché, il

(1) *Exod. chap. XXI*, v. 15.
(2) *Levit. chap. XX*, v. 9.
(3) *Prov. chap. XX*, v. 20.
(4) *Id. v.* 27.

n'a plus d'ame, elle s'est éteinte; la malédiction de Dieu est le seul feu qui brûle au-dedans de lui.

Voilà le sort réservé par la Providence à celui qui a maudit son père ou sa mère, et quand cette espèce de parricide moral se manifeste par des actes extérieurs, il doit être aussitôt frappé de mort; il n'est plus rien qui puisse le soustraire à un supplice trop mérité : car c'est une chose digne de remarque, et qui montre mieux que nous ne le pourrions faire, combien ce crime dépasse l'idée des plus grands crimes, que Dieu n'a pas dit : *Celui qui aura tué son père ou sa mère sera puni de mort;* mais, *celui qui aura maudit son père ou sa mère sera puni de mort.* Comme si le parricide était déjà consommé, par cela seul qu'on a *maudit* son père ou sa mère : et l'on pourrait laisser vivre celui qui les a tués !

Si tant de grands exemples ne suffisaient pas pour établir d'une manière bien nette et bien incontestable, que Dieu permet et ordonne quelquefois aux hommes de verser le sang des hommes, et si tant de commandements exprès ne mettaient pas les législateurs à l'abri de l'accusation d'avoir usurpé les droits du Créateur, lorsqu'ils frappent la créature, qu'on écoute ces paroles de S. Paul : *Ce n'est pas en vain que le prince a le glaive en main, et qu'il est le ministre de Dieu pour exercer ses vengeances, et punir les criminels sur la terre* (1).

Mais ce n'est pas en vain non plus qu'il est dit : *Le prince est établi pour le bien de ses peuples, et pour garantir de la mort le juste qui ne la mérite pas* (2). Car *celui qui condamne l'innocent est aussi abominable devant Dieu, que celui qui absout le coupable* (3). Ainsi, Dieu ne s'arrête pas à commander la mort, quand elle est méritée ; la prévoyance du divin législateur va plus loin, et pour donner plus d'autorité au ministre des lois, quand il donnera la mort, il va lui marquer les bases d'après lesquelles il devra ne pas l'appliquer, afin qu'emporté par une excessive rigueur, il n'abuse pas des commandements qui l'autorisent à faire usage d'une peine si grave, ou bien que par une trop grande indulgence, il ne fasse pas tourner le silence de la loi divine au profit du crime : *Si un homme n'a pas dressé d'embûches à son prochain, et que par*

(1) *Ep. S. Paul, chap. XIII, v.* 14.
(2) *Id. v.* 12.
(3) *Prov. XVII, v.* 15.

4

un accident imprévu, Dieu ait fait tomber son prochain entre ses mains, je vous marquerai le lieu où il pourra se réfugier (1).

Quel est ce lieu? Le Deutéronome l'explique :

Vous désignerez dans le pays que le Seigneur vous a donné trois villes dans lesquelles l'homicide pourra se réfugier, et voici la loi que vous garderez à l'égard de l'homicide qui se réfugiera dans ces villes pour conserver sa vie : vous sauverez la vie à celui qui a frappé son prochain et qui auparavant n'avait pas de haine contre lui (2). — *Alors l'assemblée examinera cette cause ; elle jugera le meurtrier, et s'il est innocent du sang répandu parce qu'il ne l'aura point fait par haine ou de dessein prémédité, il sera absous et renvoyé vivant dans la ville de refuge, où il devra néanmoins demeurer encore pendant un certain temps* (3).

Mais voici que Dieu porte sa prévoyance jusqu'à marquer les différences de temps, suivant lesquelles il sera permis d'appliquer la peine de mort.

Si un voleur est surpris pendant la nuit, bri-

(1) Exod. chap. XXI, v. 13.
(2) Daut. chap. XIX, v. 4.
(3) Nomb. chap. XXXV, v. 24.

sant une porte , et qu'il soit blessé de sorte qu'il
en meure, celui qui l'aura frappé ne sera pas coupable. — Mais si c'est après le lever du soleil que
le voleur ait été surpris, brisant une porte , et
qu'il ait été tué , celui qui l'aura frappé sera coupable de sa mort, et puni comme homicide (1).
Comme tout ici est admirablement calculé ! l'on
est meurtrier quand on a tué pendant le jour le
voleur qui enfonçait une porte , parce qu'on a
pu distinguer s'il était armé, s'il en voulait à votre
vie, et que l'on a pu appeler du secours. La nuit
vous serez innocent de la mort du voleur qui
brise votre porte , parce que vous n'avez pu
reconnaître s'il ne portait pas des armes , s'il
n'en voulait pas à votre vie, et que vous n'avez pu
appeler aucun secours. — Encore une hypothèse ,
dans laquelle le législateur suprême décide que
l'on n'encourra point la peine de mort. *Si
deux hommes se querellent, et que l'un frappe
l'autre par un sentiment de haine et de colère ,
avec une pierre ou avec son poing , et que celui-ci
n'en meure point, mais qu'il soit obligé de garder le*

(1) *Exod. chap.* **XXII**, *v.* 23.

lit, s'il se lève ensuite et marche dehors, s'appuyant sur son bâton, celui qui l'aura frappé sera absous (1).

Ainsi, nous voyons que dans tout ce qui est relatif au fondement des lois criminelles, soit qu'il faille punir, soit qu'il faille épargner, rien n'est laissé à l'appréciation de l'homme : et, comme si Dieu, ainsi qu'il a déja été dit, attribuait à l'indulgence aussi bien qu'à la sévérité, de graves effets pour la société, il n'a pas même voulu abandonner au discernement trop peu sûr de l'homme l'examen des cas qui devront déterminer cette indulgence. Il prend le soin de les fixer pour qu'on ne les étende pas; il entre dans le détail des hypothèses qui peuvent y donner lieu pour qu'on ne les suppose pas ; et le même soin qu'il a pris à marquer les causes de rigueur, il l'apporte à fixer les raisons d'indulgence : c'est par cette balance que la justice gagne la confiance des peuples, et obtient l'observation de ses préceptes. S'il était humain, un pareil établissement mériterait nos respects; mais il est divin; d'où vient donc alors la témérité de ces hommes qui se croient

(1) *Exod. chap. XXI, v.* 18.

le droit de soumettre à leur inquiète investigation
les principes de cet équilibre éternel sur lequel se
meuvent les corps sociaux? Quelle sagesse nouvelle
leur a révélé un meilleur ordre de choses? et
quelle raison peut servir de prétexte à leur anti-
pathie pour l'ordre établi? Qu'est-ce qui peut justifier leur crainte, autoriser leur défiance, soutenir enfin ces singulières et contradictoires attaques dirigées contre l'institution de la peine capitale, tantôt à cause de son insuffisance, tantôt à
cause de sa trop grande violence? Est-ce donc à
l'homme, à l'homme aveugle, à contrôler, à prétendre ainsi réformer les arrêts d'un Dieu de lumière?

Non, quand la majesté de Dieu a parlé, que
l'homme courbe son front dans la poussière, qu'il
avoue la faiblesse de ses conseils, qu'il recon-
naisse les limites étroites de sa raison, qu'il en
abjure les égarements, qu'il rétracte ses présomp-
tueuses erreurs, qu'il ne cherche plus une sévérité que Dieu ne veut pas, qu'il se contente d'o-
béir, et qu'il obéisse sans murmurer, à celle que
Dieu a manifestement voulue, qu'il ne soit pas enfin
plus savant que Bossuet, lorsque cette lumière du
grand siècle dit : *La sévérité que Dieu fait éclater dans*

les livres saints doit être le modèle de celle des princes
dans le gouvernement des choses humaines (1).
Et apparemment que cette maxime est une vérité nécessaire et appréciée déjà depuis bien long-temps;
car ce que Bossuet a dit, Henri IV l'avait déjà fait;
Henri IV, le monarque qui a le mieux compris
les droits et les devoirs de prince; le chevalier le
plus grand et le plus généreux de son temps,
Henri IV, l'ami le plus vrai de l'humanité, lui qui
nourrissait ses ennemis réduits à la famine; le
souverain le plus disposé à la clémence, supplié,
au moment où il s'approchait de la sainte table,
d'accorder la grace d'un criminel, fit cette réponse : *Je m'étonne qu'on me fasse cette demande*
dans le moment où je vais protester à Dieu de
faire justice, et lui demander pardon de ne l'avoir
pas toujours faite : et le coupable eut la tête tranchée. Ainsi, d'après les principes nouveaux, Henri IV
parut à l'autel tout souillé de sang, Henri IV fut un
sacrilège et un homicide. Vous désavouez cette
conséquence; désavouez donc aussi le principe;
reconnaissez avec nous que la pensée de Bossuet
est la maxime fondamentale, et comme le premier.

(1) *Polit. tir. de l'Écrit. livre VIII, proposit. XII.*

axiome de toute justice; reconnaissez enfin, dans la rigueur de la loi humaine, reconnaissez dans l'institution de la peine capitale, l'accomplissement formel de la volonté divine; et qu'il nous soit permis alors de croire que nous avons achevé la double tâche qui nous était imposée de montrer dans la peine de mort, et le vœu *tacite*, et le vœu *exprès* de la Providence.

Abordons maintenant une sphère nouvelle de raisonnements; fouillons dans les annales des temps, et montrons que toujours notre doctrine trouva dans les faits une application pratique qui peut venir à l'appui des principes : que si l'on veut parcourir avec nous l'histoire de la législation des peuples les plus éclairés, qui ont paru sur la scène du monde, après que Dieu y eut établi et laissé ses préceptes, on verra que les lois de tous ces peuples sont presque toujours calquées sur ce premier modèle; on apercevra des rapports frappants dans le rapprochement de ces premières lois venues de Dieu et des lois postérieures transmises par les hommes. Qu'on place le code des Grecs et celui des Romains, qu'on les place en regard des livres de la Bible; qu'on recherche les points fondamentaux de chacune de ces législations, et on admirera entre elles une identité parfaite et incontestable; et c'est alors que l'on pourra dire avec une étonnante raison, que l'origine de la justice parmi les hommes est toute divine; et c'est alors aussi que l'homme ne pourra jamais craindre de s'égarer en marchant dans les voies de cette justice, car dès ce moment, il sera dans les voies de Dieu, bien plus que dans les voies de l'homme; et si, dans cet examen, nous avons aperçu la peine de mort rangée au nombre de toutes les institutions anciennes, concluons qu'elle a un degré d'autorité suffisant pour la faire recevoir et conserver dans les lois nouvelles.

Voilà une vérité qui ressort du raisonnement aussi bien que des faits; mais voilà aussi que, par je ne sais quel art sophistique, on déplace tout à coup la règle d'appréciation : on ne veut plus voir dans la législation des anciens, les institutions tracées sur le modèle des lois divines, transmises d'âge en âge jusqu'à eux; on regarde indistinctement toutes leurs lois comme les enseignements du paganisme; on n'examine plus si ces peuples avaient des institutions bonnes en elles-mêmes; on

ne voit que l'idolâtrie, à laquelle ils étaient aban-
donnés, et on ne les présente que sous ce point de
vue; on ne montre enfin, dans leurs législateurs,
« que les adorateurs du dissolu Jupiter, de l'impu-
« dique Vénus, de l'homicide Mars », et dès-lors
on frappe, avec une apparence de raison et de
justice, toutes leurs lois, d'une sévère réprobation.
Parce qu'on a intérêt à flétrir une institution de
l'antiquité, on n'hésite pas à déshonorer l'antiquité
tout entière; de même qu'à une époque encore
trop rapprochée de nous, on élevait des autels à
cette même antiquité, parce qu'on avait intérêt à
faire revivre quelqu'une de ses coutumes.

Pour nous, qui n'avons d'autre intérêt que celui de la raison et de la vérité, nous n'irons pas,
suivant les règles de ce nivellement spéculatif,
préconiser, avec emphase et sans mesure, tout ce
qui nous vient des temps passés, parce que nous
en voulons conserver quelque chose; mais nous
ne souffrirons pas davantage, que l'on jette un
voile sur tout ce qui fait la gloire des anciens,
pour ne nous laisser voir que leurs égarements;
qu'on nous dérobe toute leur sagesse pour nous
faire croire qu'ils n'ont enfanté que la barbarie :

nous accorderons à l'erreur tout ce qui appartient
à l'erreur, mais nous demandons aussi qu'on accorde à la raison tout ce qui appartient à la raison; et, en rallumant ainsi le flambeau de l'antiquité que l'on a voulu éteindre, parce qu'on est
intéressé à faire croire qu'elle était dans les ténèbres, faisons douter au moins, si ses institutions
n'ont pas été les conceptions de la sagesse ; et enfin, pour lever tout-à-fait le doute à l'égard de
quelques-unes, prouvons qu'elles étaient fondées
sur les textes divins eux-mêmes. C'est ainsi que
l'impartialité montrant combien l'institution de la
peine capitale est étrangère aux erreurs qui peuvent l'environner, et la dégageant par là de la dé-
faveur attachée aux absurdités des anciens, et que
l'on veut faire rejaillir sur elle, lui rendra le degré d'autorité qui lui convient.

Lors donc que notre esprit embrassant les âges
passés, aperçoit des peuples qui, se laissant aller
aux écarts de l'imagination et à tous les prestiges
de l'illusion, oublient leur Dieu véritable pour
porter leur culte et leurs adorations à des dieux
de pierre, sacrifient à Mars, à Vénus, à Jupiter,
et se trouvent pour ainsi dire ramenés à l'enfance

de l'esprit humain ; que nos regards fixent en même temps les génies supérieurs, dont cette même époque, par un contraste singulier, s'est montrée si féconde ; voyons ces philosophes législateurs qui, par leur étonnante sagesse, ont comme effacé toutes les erreurs de leurs contemporains, rallié les nations à la vérité, et semblaient par la sublimité de leurs inspirations, avoir reçu de Dieu la mission secrète de conserver les traditions divines au milieu de la confusion générale, et de les faire arriver dans toute leur pureté jusqu'à l'ère future, à travers les désordres de l'idolâtrie et de la superstition ; souvenons - nous de Pythagore, lorsqu'il révèle au monde sa doctrine sur la Divinité, lorsqu'en présence de tous les dieux matériels de l'Olympe, il enseigne un seul Dieu, auteur de toutes choses, esprit infini, tout-puissant, impassible, qui ne tombe point sous le sens, n'est aperçu que par l'intelligence, ou bien lorsqu'il forme à ses leçons Zaleucus et Charondas, dont les lois recueillies par Diodore pourraient servir de modèle aux législateurs les plus éclairés de nos jours ; souvenons-nous aussi d'Anaxagore, qui, par la seule force de ses méditations, découvre et annonce, que le monde n'est pas une combinaison fortuite du hasard, mais l'ouvrage de l'Etre suprême publié par Pythagore; souvenons-nous de Socrate, qui disait que la philosophie devait être consacrée au bien public, de ce philosophe qu'on eût dit avoir été envoyé au monde par la Providence, comme pour être une prophétie vivante de toutes les vertus du chrétien ; souvenons-nous enfin du divin Platon, comme l'appelle Tullius, dont la morale, dit l'abbé de Fleury, était si belle, la politique si profonde dans ce qui touche l'amour des hommes et du bien public; Platon dont la philosophie, quoique humaine, était si élevée que, suivant Clément Alexandrin, dans ses *Stromates,* elle a servi aux Grecs pour les préparer à l'Evangile, comme la loi aux Hébreux.

Mais si ce ne sont là que les noms de quelques individus isolés, qui ne prouvent rien pour l'ensemble et laissent le reste des peuples dans leur barbarie stupide et grossière, rappelons alors, non un homme, mais un peuple tout entier, demandant à grands cris qu'on livre aux flammes les ouvrages d'un certain Protagoras, parce que cet homme avait écrit : « Je ne peux pas dire s'il y a

« des dieux ou s'il n'y en a pas. » Rappelons encore Diagoras proscrit, et sa tête mise à prix,
parce qu'il avait osé nier ouvertement l'existence
des dieux : abstraction faite du principe faux qui
admet plusieurs dieux, n'est-ce pas déja d'un
peuple bien prudent de comprendre le danger qu'il
y a de mettre en doute une vérité qui ne tombe
pas sous les sens, et qui néanmoins est le plus
ferme appui de la morale? N'est-ce pas un peuple
bien instruit sur ses vrais intérêts, bien éclairé
sur les garanties de la sécurité publique, que celui qui repousse avec tant de force les maximes
de l'athéisme, comme des sources de désordre,
comme des principes de dissolution sociale.

> On détesta Mézence ainsi que Salmonée,
> Et l'horreur suit encore le nom de Capanée :
> Un impie, en tout temps, fut un monstre odieux.
>
> RAC. *Poëme de la Religion*, chant Ier.

Voilà ce qu'ont publié les philosophes, et ce
qu'ont fait les peuples de cette antiquité aujour-
d'hui tant décriée ; voilà ce qu'étaient les nations
chez lesquelles la peine de mort fut toujours en
vigueur, sans qu'elles aient jamais songé à la rayer

du nombre de leurs institutions. Certes, il faut
bien croire que des hommes qui, par la seule vigueur du raisonnement, ont découvert et démontré un Dieu, révélé jusque là par le seul instinct
de la pensée ; il faut bien croire que des peuples
qui connaissaient à un degré si élevé les vrais principes de la politique, qui étaient si profondément
initiés aux secrets des gouvernements, auraient
de même découvert les vices de l'institution de la
peine de mort, auraient compris son danger, et
ne l'auraient pas laissé arriver jusqu'à nous sans
l'avoir fortement critiquée et combattue. Il faut
conclure enfin que cette institution porte avec elle
un caractère de nécessité qui l'a perpétuée dans les
siècles passés et qui doit la maintenir de nos jours.

Mais voilà que le sophiste indigné se récrie, et
dit : « Qu'importent l'éclat des noms et le poids
« des exemples? toute la gloire qui les environne
« n'est pas un argument.»—Nous ne voulons pas
faire ressortir cette partialité visible, qui faisait
trouver tout à l'heure, dans la barbarie et l'igno-
rance des anciens, les raisons de condamner l'institution de la peine de mort, et qui s'oppose
maintenant à ce qu'on trouve dans leurs grandeurs

et leurs supériorités intellectuelles les raisons de la justifier et de la maintenir. Non, il est une autre source plus profonde et plus pure, où nous devons retremper les armes qui aideront au succès de notre système.

Oublions donc l'autorité des hommes, mais que ce soit pour nous rendre à celle de Dieu, ou plutôt donnons une force nouvelle à cette autorité de l'homme, en la montrant appuyée sur celle de Dieu. Rapprochons, ainsi que nous l'avons annoncé, quelques points fondamentaux de ces législations : que ce rapprochement achève le triomphe de notre doctrine. Se souvient-on de cette loi de l'Exode : *Si un homme a dressé des embûches à son prochain pour le tuer, vous l'arracherez même de mon autel.*—Qu'on lise maintenant cette loi de Philo : Ἀσυλίαν ἀνιέροις τὸ ἱερὸν μὴ παρέχεσθαι. *Il n'y a point d'asile pour le coupable.* Quelle ressemblance dans les idées et jusque dans les mots ! Qu'on étudie encore cet autre rapport : le Deutéronome, ch. XIX, dit : *Celui dont la vie est coupable ne recevra point d'asile, même dans les villes de refuge établies par la loi de Dieu ; on l'enverra prendre au milieu de ces villes, et il sera mis à mort.* — Il y avait à Athènes l'autel de la miséricorde, qui était le lieu de refuge des hommes injustement poursuivis, et Gylippe Lacon écrit : *Il ne reste aucun lieu qui puisse servir d'asile et de miséricorde pour celui dont la vie est coupable.*

Mais Dieu ajoutait : *Celui qui aura tué son prochain sans haine et sans dessein, est innocent, il n'est pas coupable de cet homicide* (1).

Mais Gylippe Lacon ajoute aussi : Ἔκτεινας τὸν ἑταῖρον ἀμύνων, οὔ σέμίανεν αἷμα. Πέλοις δὲ χείρας καθαρώτερος ἢ πάρος ἦσθα. — *Vous tuez un homme contre lequel vous n'avez point de haine, et même en voulant lui être utile ; dans ce cas, il n'y a pas crime; vos mains sont aussi pures qu'avant* (2).

Il est encore dit dans l'Écriture : *Si quelqu'un n'a pas dressé d'embûches à son prochain, et que ce soit par un accident imprévu que Dieu l'ait fait tomber entre ses mains, je vous marquerai le lieu où il pourra se réfugier* (3).—*Démosthènes veut qu'on ait pitié de celui qui aura commis un crime par hasard, et non par malice* (4).—Qui ne re-

(1) *Deut.*, *chap. XIX.*
(2) *Lib. XIII, Bibl.*
(3) *Exod. chap. XXI.*
(4) *In Alphobum*, 1.

connaît encore la volonté de Dieu sur l'asile qu'il
accorde à l'innocent, et qu'il refuse au coupable ?
qui ne la reconnaît dans ces mots de Callysthène :
*Le coupable ne peut toucher l'autel des Dieux ;
mais le juste trouve un asile inviolable dans leurs
temples.*

Tel est le type divin sur lequel la sagesse et les
lois des anciens étaient établies comme par une
secrète inspiration. Ils furent peut-être surpris
lorsqu'au moment où Ptolomée-Philadelphe fit paraître la fameuse version des Septante, qu'il avait
eu tant de peine à se procurer auprès des Juifs
qui possédaient les Écritures ; ils furent peut-être
surpris de retrouver dans les livres saints le modèle
sur lequel presque toutes leurs lois civiles ou po-
litiques avaient été exactement établies, sans qu'ils
s'en doutassent, bien qu'il existe des monuments
de l'histoire qui pourraient expliquer cette mer-
veille ; ils découvrirent peut-être aussi, avec étonnement, dans ces mêmes livres, toute l'origine de
leurs cultes ; et ce Japhet, connu sous le nom de
Javan ; et Noé, pris pour Saturne, sous lequel on
rapportait qu'il arriva un grand déluge, et qui le
premier inventa les bateaux, et cette tradition

5

que les Dieux ne sont point vus à nu impuné-
ment, dérivée de l'histoire de Noé et de la malédiction de Cham; et même leurs saturnales qui
n'étaient autre chose qu'une mémoire peu respec-
tueuse de l'ivresse de Noé.

Mais si les législateurs et les philosophes du-
rent être étonnés de tous ces rapprochements dans
leurs cultes et dans leurs lois, cessons, nous,
d'être surpris qu'une partie de leurs institutions
soit arrivée entière jusqu'à nous ; c'est un des
caractères principaux de la divinité d'origine attachée à certaines lois, de traverser les siècles, de
surmonter et l'idolâtrie et les superstitions, et la
grandeur et la faiblesse des états, et la barbarie et
la civilisation; de même que c'est le sort des institutions humaines, et la marque qui les fait le plus
sûrement reconnaître, de se montrer quelque temps,
puis de disparaître, et de revenir encore, pour
être enfin tout-à-fait oubliées. Laquelle de ces
deux destinées a subi l'institution de la peine de
mort? Temps anciens, temps modernes, peuples
de tous les âges, répondez !..... Quelle est alors
son origine, et que doit-elle devenir parmi nous?
Toutes ces questions trouvent leur solution l'une

par l'autre, et cette solution est le maintien irré
vocable de l'institution.

Voilà ce que le raisonnement enté sur les faits
nous autorise à penser avec une grande force ; voilà
ce qui nous permet de croire avec une certaine
confiance, que l'on renoncera à l'espoir de réussir
dans les attaques que l'on a dirigées contre l'institution de la peine capitale.

Nous nous trompons : l'esprit novateur a de
grandes ressources : voilà que, privé du secours
qu'il croyait trouver dans la loi divine ancienne, il
va essayer d'opposer Dieu à Dieu même, et de
trouver dans la loi nouvelle des armes contre la
loi primitive.

« Jésus-Christ, dira-t-on, est venu pour abolir
« la loi ancienne ; il l'a abolie en effet ; il a établi
« une alliance nouvelle qui doit faire rejeter tout
« ce qui appartenait à la loi primitive. La peine de
« mort était une institution de la première, elle
« est donc révoquée par la seconde. » La réponse
à cet argument est facile : elle a son texte dans
le raisonnement, elle est appuyée sur les paroles
des Apôtres et celles de Jésus-Christ.

Invoquant d'abord ce qui est de simple raison-

nement, nous dirons, que, si telle avait été la pensée de Jésus-Christ, de renverser une institution
si anciennement et si solidement établie, il ne l'aurait pas seulement laissé supposer, il aurait ex-
primé sa volonté dans les termes les plus formels
et les plus précis, afin que, dans une affaire de
cette importance, il ne pût être permis d'arguer
du silence de sa loi par aucune raison légitime.
Mais nulle part on ne voit de préceptes qui pro-
scrivent les peines capitales; pas une loi, pas un
mot qui les rejettent d'une manière positive (1).

Nous dirons encore que, si la peine capitale ne
pouvait être mise au nombre des institutions d'un
peuple chrétien, les premiers évêques de l'ère
nouvelle, ceux qui, par leur contact avec l'origine
et la base de cette alliance, devaient connaître au
moins aussi bien que nous, qui en sommes éloi-
gnés de plusieurs siècles, les vrais principes, l'essence et l'esprit du christianisme, ceux qui étaient
déterminés à tout souffrir pour l'entier établissement de cette religion et l'observation de ses en-
seignemens, auraient certainement donné pour

(1) Ces raisonnemens sont conformes à la pensée de Grotius sur
la même matière : c'est aussi l'opinion de Puffendorf.

premier conseil à Constantin d'abolir dans ses états les exécutions à mort : ils ne l'ont point fait. Ils n'auraient jamais consenti à donner le baptême à tant d'empereurs, de magistrats et de capitaines, qui, dans ces différentes qualités, se trouvaient souvent en position de commander ou de donner la mort : ils l'ont fait. Que conclure de là? Ou que tant de martyrs, que tant d'évêques chrétiens, que Constantin étaient des barbares et des ignorants : ou que vous vous trompez.

Oui, vous vous êtes trompés dans l'interprétation de la loi chrétienne, quand vous avez dit que cette loi s'opposait à la peine de mort. Car saint Paul, dont les paroles peuvent être de quelque poids dans cette matière, saint Paul a fait entendre clairement que la mort devait punir les crimes, lorsque, poursuivi devant le tribunal de César, il dit : *Si j'ai commis quelque crime, je mérite la mort, et je ne refuse pas de la subir* (1). Quoi! saint Paul, si enthousiaste des préceptes de J.-C. , cet apôtre qui, dans l'ardeur de son zèle, disait : *Annoncez la parole de Jésus-Christ, pressez les hommes à temps et à contre-temps; reprenez, mo-*

_____
(1) *Act. XXV, chap. 1.*

nacez, suppliez, ne cessez jamais de les instruire(1).
Saint Paul, en disant publiquement qu'il méri-
tait la mort, s'il avait commis des crimes, aurait
ainsi laissé dans une erreur aussi grave et aussi
funeste, des hommes qu'il pouvait et voulait in-
struire? C'est qu'apparemment ce n'était point
une erreur, c'est qu'apparemment ce n'était point
contraire à l'esprit de la loi nouvelle.

Oui, vous vous êtes trompés, en prétendant
que la loi de Moïse a été rejetée en ce qui touche
les lois criminelles; car saint Paul dit encore devant le grand-prêtre : « *Vous êtes établis pour ju-
ger suivant la loi de Moïse* (2). Or, on sait quel est
l'esprit de cette loi à l'égard des crimes.

Oui, vous vous êtes trompés, il faut encore le
reconnaître, quand vous avez vu dans ces paroles de saint Paul : *Ne vous vengez point vous-
mêmes, mes bien-aimés, mais cédez à la colère de
votre ennemi*(3); car il est écrit : *C'est à moi que la
vengeance est réservée, c'est moi qui la ferai, dit le*

(1) *Timoth. IV*, chap. 2.
(2) *Act. XXIV*, chap. 3.
(3) Ici, je ne relèverai point une inexactitude de M. d'Ulin de La
Ponneraye, dans la citation de ces paroles ; il dit : *Laissez agir la*

Seigneur; vous vous êtes trompés, disons-nous, quand vous avez vu dans ces paroles une défense faite aux législateurs de punir de mort les criminels, car elle rendrait désormais inutiles les tribunaux et les lois des hommes, puisqu'elle prescrirait d'une manière générale de s'en rapporter à la vengeance céleste, sorte de vengeance qui ne doit s'exercer que dans l'autre vie, et abandonnerait ainsi la portion des hommes qui croient à une autre vie, aux coups et aux attaques de cette portion des hommes qui, ne voyant rien au-delà de la vie présente, seraient ainsi affranchis de toute espèce de crainte de châtiments; premièrement, par l'absence de punitions actuelles de la part des hommes; secondement, par l'incrédulité aux vengeances d'un autre monde. Position effrayante dans laquelle se trouverait placé le genre humain, par suite de l'interprétation donnée à ce texte de l'épître de saint Paul. Que renferment donc ces paroles? C'est la

---

colère de Dieu. J'ai trouvé dans le texte : *Cédez à la colère de votre ennemi;* ce qui peut changer le sens, Mais, comme dans les Écritures, certaines traductions offrent quelquefois de légères différences entre elles, je ne voudrais point accuser la bonne foi de celui qui fait une citation différente, sous quelque rapport, du texte où je puise les miennes.

défense faite au particulier de se faire justice par lui-même, et de s'en rapporter à la justice de Dieu. Mais comment Dieu accomplit-il sa promesse de justice et de vengeance? est-ce par ses propres mains, ou bien est-ce dans l'autre vie? Non : c'est actuellement, et c'est par la main de l'homme qu'il répandra ses punitions. Il va remettre entre les mains du prince et du législateur ce même droit de vengeance dont il vient d'interdire l'usage au simple particulier. Après avoir dit à l'homme privé: *Ne te venge pas toi-même* (1), il ajoute : *car le prince est ministre de Dieu pour exercer ses vengeances et punir les criminels sur la terre* (2). Voilà qui justifie notre explication d'une manière incontestable; voilà qui n'abandonne plus rien aux arguties de l'interprétation.

Faut-il maintenant quelque chose de plus fort que nos raisonnements, de plus grand que les paroles mêmes des Apôtres? qu'on écoute J.-C. : « *Ne pensez pas que je sois venu détruire la loi ou les prophètes. Je ne suis pas venu les détruire, mais les accomplir* (3). Qu'on reste enfin convaincu devant

(1) *Chap. XII.*
(2) *Chap. XII.*
(3) *Math. chap. V, v. 17, et Rom. chap. X, v. 4.*

cette autre parole : *O Juifs! la loi qui punit de mort est juste : je ne m'oppose point à cette loi.* (Il s'agit, dans le moment où J.-C. s'exprime ainsi, d'un crime qui emportait la peine de mort chez les Juifs.)

Les voilà donc mis à découvert ces fondements solides sur lesquels s'élève l'institution de la peine de mort ; les voilà mis à découvert, pour effrayer par leur solidité quiconque tenterait d'y porter une main téméraire ; les voilà qui montrent que, pour ébranler cette institution, il faut bouleverser tous les ressorts d'ordre social, pour en mettre d'autres à la place, déchirer les Écritures, condamner toutes les lois de Dieu, confondre toutes celles du Christ ?

Qui sera capable d'un tel ouvrage ? Toute la raison humaine reculerait devant une si grande entreprise. Mais une idée à la faveur de laquelle on renverse aujourd'hui ce qu'il y a de plus ancien et de plus fort, s'avance pour attaquer l'institution de la peine capitale, et il serait téméraire de répondre que cette idée ne parviendra pas à triompher : « On dit aujourd'hui que l'institution de la peine « de mort est un vieux et méprisable préjugé. »

L'institution de la peine capitale est le fruit

d'un préjugé !... Ne disons pas qu'il a quatre mille ans d'existence : nous savons trop qu'aujourd'hui on repousse l'autorité du temps pour les lois anciennes, avec la même ardeur qu'on demande et qu'on attend son expérience pour les nouvelles.

Ainsi, voilà cette institution secrètement autorisée de Dieu dans le besoin d'ordre public ; expressément commandée par ce même Dieu dans ses propres paroles ; confirmée par le Christ ; reçue et enregistrée dans les codes de toutes les nations ; revêtue enfin du sceau de toute l'autorité divine et humaine ; voilà cette grande institution frappée tout à coup de nos anathèmes, la voilà rejetée avec dédain, comme une idée fausse, bizarre, absurde et barbare, condamnée comme un préjugé !

Il n'y a point d'équivoques à élever sur cette qualification : « Un préjugé. » C'est une opinion adoptée sans examen.

Ainsi l'institution la plus grave et la plus importante de toutes les lois sociales, celle qui touche le plus directement les intérêts des hommes, puisqu'il s'agit de leur vie et de leur mort, cette institution a été reçue et consacrée *sans examen*, dans les temps anciens, par les Solon, les Lycurgue,

les Platon, les Polybe, les Xénophon et les Diodore; a été adoptée légèrement dans les temps
modernes par les Puffendorff, les Burlamaqui, les
Grotius, les plus grands et les plus profonds pu-
blicistes, tous ceux dans lesquels aujourd'hui encore, le philosophe, le politique et le législateur,
vont, avec confiance, chercher les éléments de la
raison, les préceptes de la politique et les principes de la législation.

Non : de pareilles allégations portent en elles
leur réfutation; leur principe est le sophisme; leur
condamnation est la raison : la raison qui nous
montre, dans tous ceux qui ont fait de la peine
capitale un instrument de justice, des garanties
suffisantes de sagesse et de lumières; la raison qui
nous commande de respecter cette institution
comme elle a commandé à toute l'antiquité de la
recevoir et de la conserver ; la raison, il faut le
dire hautement, qui permettrait que cette institution fût même adoptée sans examen, par cela
seul qu'elle est ordonnée par la Providence, et
que les ordres de Dieu sont dispensés de l'examen
des hommes, la sagesse divine n'ayant pas besoin
d'être sanctionnée par la sagesse humaine; la rai-

son enfin qui nous apprend qu'une loi ainsi venue de Dieu, et qui a subi une épreuve de quatre mille ans, qui a passé à l'expérience des peuples les plus civilisés comme des nations les plus barbares, et fait reconnaître, à toutes les époques, son utilité et son importance, n'est plus un préjugé, mais une œuvre de sagesse environnée d'une trop grande force d'existence, appuyée sur des racines lancées trop avant, pour laisser désormais quelque prise aux raisonnements ou même aux faits, et qu'il ne faudrait rien moins que le Dieu qui l'a voulue pour l'anéantir.

Par quelles armes maintenant prétendre encore ébranler ce que Dieu, les hommes, le temps, la raison et les faits ont élevé et consolident tous les jours ?

Le voudra-t-on croire ? C'est la civilisation qui est solennellement appelée à faire tomber l'institution de la peine capitale.

Il semblerait, à l'enthousiasme avec lequel on l'invoque, et à la confiance qu'on met dans cet appel, qu'elle doit nécessairement y répondre ; il semblerait que, pour la première fois, elle se montre parmi les hommes. On oublie que, bien

long-temps avant nous, de grands peuples ont
joui de ses bienfaits, et qu'elle n'a jamais été une
raison pour eux d'abolir la peine de mort; on
suppose que la civilisation nouvelle a tellement
changé les hommes et perfectionné leur nature,
qu'on peut désormais les affranchir de toutes les
institutions qui avaient servi jusqu'à ce jour à ré-
gler leurs actes, à modérer leurs passions et à maintenir par là entre eux une sûreté réciproque, qu'on
peut enfin les confier sans crainte à cet infaillible
perfectionnement.

Grand problème de l'amélioration sociale.....
Pour le résoudre, que l'on interroge nos magistrats; ils sont les dépositaires des annales du
cœur humain, et comme tels les véritables ap-
préciateurs de ses progrès dans le vice ou dans la
vertu : c'est à eux à répondre; mais s'il reste encore quelque incertitude, cherchons la solution
de la difficulté qui nous occupe dans un raisonnement dont la démonstration plus claire présente
aussi un résultat plus facile à saisir. Ce qui est
donc bien constant, c'est que la civilisation naît du
développement des lumières, que le développement des lumières naît d'une certaine émulation

intellectuelle répandue dans toutes les classes de la société ; que cette émulation ne germe et ne grandit qu'à la faveur de la tranquillité publique, et que la tranquillité publique n'est fondée que sur les institutions qui ont pour but et pour résultat de purger la société de ceux qui la troublent, par leurs attentats aux intérêts communs ou aux intérêts privés. Or, il a été démontré que la peine capitale était une des institutions qui répondait le plus sûrement de ce résultat ; donc, on commet une véritable hérésie en matière de raisonnement comme en matière de politique, quand on vient appeler la civilisation au renversement de ce qui est le secret principe et le premier anneau auquel sont attachées sa vie et son existence. La civilisation commettrait donc un véritable crime de lèse-société, en déterminant l'abolition de la peine de mort, puisqu'elle ouvrirait la carrière à toutes les violences contre les droits publics et particuliers, et ferait disparaître, avec la sécurité réciproque des hommes, les grands avantages sociaux qui en sont les fruits, elle se rendrait coupable d'un véritable suicide, puisqu'elle anéantirait enfin ce qui la fait naître, exister et durer parmi les hommes.

Mais que répondre à ce mot magique qui reparaît si souvent dans les pages de nos adversaires? La philantropie!.... Cette passion sublime, ce sentiment des grandes âmes, que Dieu semble avoir donné à l'homme, comme pour le dédommager et le garantir de tous les maux de cette vie. La philantropie a, de tout temps, eu le droit de réclamer nos hommages; et elle les a obtenus toutes les fois que, pleine de bonne foi et de sincérité, elle n'a vu que bien public; et que, pleine de lumière et de raison, elle a su étayer de son influence forte et tutélaire les institutions sur lesquelles repose ce bien public.

Toutefois, pourquoi certains souvenirs viennent-ils élever autour de ce grand nom je ne sais quelles préventions ennemies? On se rappelle qu'à une époque fatale et qui nous touche presque encore, la perfidie et le mensonge, parés des plus beaux noms, abusant des titres les plus saints, entraînèrent les hommes, en aveugles, à d'inconcevables désordres. On se souvient que la philantropie fut le talisman de tous les excès de cette époque.

C'est au nom de la philantropie que peu à peu on brisa tous les liens de la société; c'est au nom

de la philantropie, qu'on sut déchaîner une portion du genre humain sur l'autre ; c'est au nom de
la philantropie, que tout ce qui avait fait jusques
alors le bonheur des hommes fut foulé aux pieds ;
qu'on vit l'impiété se dresser sur l'autel, et la ré-
volte s'asseoir sur les trônes ; c'est au nom de la
philantropie, que l'usurpation, le vol et le brigan-
dage furent enseignés comme des droits de la nature, que des violations de tous les genres furent
appelées les droits de l'homme, et que le Contrat
social vint tout dissoudre ; c'est au nom de la philantropie que les hommes les plus vertueux furent
sacrifiés comme des tyrans de l'humanité, et que
la société française s'éteignit enfin dans des flots
de sang.

C'est encore pénétré de ces affreux souvenirs, que
l'esprit se trouve disposé à repousser toute idée
nouvelle de philantropie ; il se défie de ses enseignements ; et quand elle vient parler d'un bienfait,
une triste expérience lui fait redouter qu'elle ne
cache encore quelque nouveau projet funeste.

Mais rassurons-nous ; les temps sont changés ;
l'expérience instruit les hommes, on ne les séduit
plus avec des mots, ils voient trop clairement les

choses. Lors donc qu'on vient nous entretenir de philantropie, soyons assurés qu'on entend cette vertu sublime et pure qui a son principe dans la religion, son objet dans le bien public. Recevons donc sans inquiétude les conseils qu'elle nous inspirera; ils ne sauraient nous égarer, car c'est la philantropie rendue à toute la pureté de son origine et à toute la vérité de son acception; c'est la justice, la raison et l'humanité réunies dans un seul mot : c'est la justice, car elle aura toujours en main le glaive pour frapper le crime; c'est la raison, car elle tiendra d'une main impartiale cette balance qui pèse les causes de rigueur comme les raisons de clémence; c'est l'humanité, car elle étendra la protection de son égide sur la société confiante.

Telle est la philantropie que nous acceptons, voilà celle que nous voulons, la seule qui saura maintenir nos institutions. Ce ne ne sera plus cette philantropie vaine et sans mesure, qui, cédant aux inspirations d'une fausse humanité, d'un zèle dangereux pour la conservation de tous les hommes, accordera une funeste intervention en faveur du coupable comme en faveur de l'innocence; c'est

6

une philantropie nouvelle qui paraît, ou, pour mieux dire, c'est la philantropie véritable qui s'élève, pour cimenter à jamais l'union de la rigueur et de la clémence, resserrer ainsi le lien de toutes les sociétés, réparer enfin tous les maux que la perfidie a faits jadis en son nom; c'est une philantropie qui prend pour devise : *Dieu, le Roi, la Patrie*, et qui proclame cette devise, comme le vrai *palladium* de toute sécurité publique.

FIN.

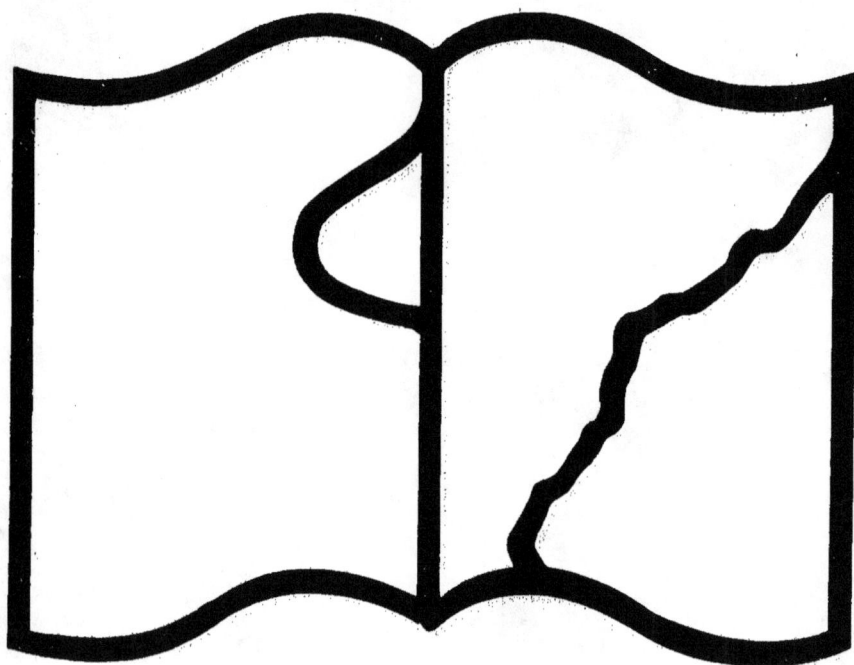

Texte détérioré — reliure défectueuse

NF Z 43-120-11

www.ingramcontent.com/pod-product-compliance
Lightning Source LLC
Chambersburg PA
CBHW070900280326
41934CB00008B/1525